AUX REPRÉSENTANS DU PEUPLE, COMPOSANT LE COMITÉ DE SURETÉ GÉNÉRALE.

L. J. FLEUR, ci-devant Membre de la Municipalité de Lille.

ENCORE un Français, encore un patriote qui, dans les fers, éleve la voix vers vous, Repréſentans du Peuple, pour invoquer votre juſtice ſur la ſérie des perſécutions imméritées ſous le poids deſquelles il gémit.

Enlâcé dans le filet ſpécieux tendu par l'ariſtocratie ſur la ſurface de la République, pour envelopper les hommes énergiques & révolutionnaires, en les flétriſſant du nom d'agens de la conſpiration, j'appelle l'attention la plus rigoureuſe ſur mes principes & ma vie politique.

Il eſt tems enfin qu'un malheureux Sans-culotte, opprimé ſous différentes dénominations, voye un terme à ſes maux : la Mort ou la Liberté! *Oui*, depuis ſix mois la priſon eſt le ſéjour que l'ariſtocratie, ſous toutes les formes, ſe plaît à me faire habiter. Traduit au Comité de Sûreté Générale, mis en liberté, quelques jours après réincarcéré, je ſuis encore à imaginer quels ſont les nouveaux crimes qu'on m'impute.......... De tous les moyens que la malveillance employe pour perdre l'homme de bien, elle s'eſt ſervi d'un ſeul à mon égard........ la calomnie ! Pas une faction dont elle n'ait voulu me ſuppoſer le partiſan ; pas une conſpiration où elle ne ſe ſoit étudiée à me trouver des rapports, & jamais on n'apporta des preuves à l'appui des inculpations....; & toujours je fus victime!... Dénonciateur des ariſtocrates, des généraux traîtres, des modérés, des accapareurs, des agioteurs (fléaux de la ville de Lille), je méritai leur haine, leur ressentiment : je les bravai... C'est de mes affections brûlantes pour la liberté, c'est de mon amour pour le gouvernement révolutionnaire, c'est de mon zèle pour son exécution, c'est de patriotisme enfin dont on m'accuse. O! vous, Représentans du Peuple, auprès de qui la révolution est une vertu, jugez-moi : ne souffrez pas que je sois accablé par la puissance de mes ennemis ; ils en veulent à l'opinion publique, aux vrais Jacobins, à la Convention, à la Patrie.

L. J. FLEUR.

NOTES.

(1) Le systême suivi de mes ennemis, dans leurs persécutions, a été de me dépeindre successivement comme attaché à tous les conspirateurs. On me traita de créature de Lavalette, avec lequel je n'eus jamais d'intimité, de partisan d'Hébert que je n'ai jamais connu, enfin d'agent de Robespierre........ Mais il serait superflu de répondre à une qualification aussi ridicule. Un conspirateur comme lui..... Un Sans-Culotte comme moi...... Quelle opposition! Quelle distance!

(2) Membre de la Municipalité de Lille, Apôtre de la Révolution, je poursuivis chaudement ses ennemis; ils devinrent les miens.....; je me réfère, pour les détails, au compte que j'ai rendu de ma conduite à la Convention. Justice! justice!.. appui contre l'oppression; voilà ce que je demande ce que j'espère......

De l'Imprimerie de la Citoyenne HÉRISSANT, rue de la Raison, en la Cité.

www.ingramcontent.com/pod-product-compliance
Lightning Source LLC
LaVergne TN
LVHW010331230826
846091LV00009B/3815

* 9 7 8 2 0 1 1 9 0 4 5 6 0 *